UN ROI,

UN MINISTÈRE,

UNE FRANCE.

DE L'IMPRIMERIE DE RENAUDIERE,
RUE DES PROUVAIRES, N°. 16.

UN ROI,

UN MINISTÈRE,

UNE FRANCE.

Par Louis-Auguste DUPUY.

Sit Quodvis simplex
Duntaxàt et unum
Hor.

A PARIS,

Chez les marchands de Nouveautés.

1817.

PRÉFACE.

C'est ici l'ébauche d'un grand ouvrage auquel j'ai consacré tous mes loisirs. Je ne dis point cela pour le faire valoir ; car il faudrait prouver d'abord que mes loisirs ont un prix. Je ne veux qu'excuser la concision qu'on y pourra remarquer. Il y a des chapitres qui pourraient être la matière d'un livre. C'est une compensation pour tant de livres, qui, réduits à leur vraie substance, ne tiendraient pas la place d'un chapitre.

Si le public goûte cet essai, peut-être m'enhardirai-je à lui offrir quelque in - 4°. Jusque - là , j'ai dû me borner à la modeste brochure. Il faut être bref, quand on n'a pas acquis le droit d'être ennuyeux.

AVANT-PROPOS.

On veut de l'unité en tout, dans le caractère, dans la conduite, dans les principes. Il n'y a que dans les choses d'intérêt public qu'il semble qu'elle soit déplacée. Est-ce que la raison a deux règles et deux mesures?

On convient que l'unité est la source du beau et du vrai. L'analyse la découvre dans les chefs-d'œuvre de l'art comme dans les merveilles de la nature. N'y aurait-il donc que le premier de tous les arts, celui de gouverner, qui la repoussât comme une étrangère?

La coutume consacre quelquefois des

adages que la raison repousse, et les pro-verbes ne sont pas toujours la sagesse des nations. Il en est un dont le crédit ne ré-sistera pas à l'examen ; c'est celui-ci : Di-viser pour régner. Les politiques de tous les temps l'ont écrit sur leurs bannières ; ne serait-ce pas une absurdité pour une vérité ?

Qu'entendent-ils par cette division né-cessaire ? qu'il faut brouiller les partis pour les concilier après ? Ce serait vouloir se rendre malade, pour avoir le plaisir de guérir. Entendent-ils que les partis, at-tentifs à leurs fautes réciproques, détour-neront les yeux des fautes du gouverne-ment ? Il faudra craindre bien plutôt qu'ils n'emploient leur activité à l'entraîner cha-cun dans leur route ; et qu'ainsi, tiraillé dans des sens divers, il ne puisse jamais être lui-même.

Il faut le dire ; les gouvernans et les gouvernés me paraissent avoir jusqu'ici assez mal entendu leurs intérêts. Suivons les uns et les autres, dans leur politique.

Les gouvernans ont formé deux classes ; l'une a dit : Gouverner, c'est faire que toutes les volontés se taisent devant une seule. En raffinant ce précepte, on a trouvé qu'il serait plus expéditif d'étouffer toutes les volontés moins une, que de leur imposer silence. De là l'éternelle confédération entre l'ignorance et le despotisme.

La simplicité de cette marche a effrayé les autres. Mais il n'y avait point division sur le but. La pensée, ont-ils dit, est quelquefois assez forte par elle-même pour s'affranchir, et quand elle s'élève sur les débris de ses chaînes, malheur à ceux qui les ont forgés. Au lieu de l'opprimer, égarons-là. Quand sa force sera dissipée, il nous en restera bien plus contre elle.

Même divergence apparente et même but dans les sentimens des gouvernés. Les uns ont dit : Humilions, détruisons le gouvernement, et nous serons libres ; c'est comme s'ils eussent dit : Brisons le nœud qui nous attache les uns aux autres, et nous serons forts.

Une secte nouvelle arrive qui s'écrie : Non, ne brisons rien, ne détruisons rien ; construisons à côté. Travaillons pour nous, comme le gouvernement travaille pour lui-même ; mais travaillons si bien, qu'enfermé dans des barrières que nous pousserons insensiblement, il s'aperçoive un jour qu'il n'y a plus de place pour lui. Je me promets d'examiner, en son temps, cette opinion bien tolérante, bien paisible en apparence, qui doit finir, si jamais

elle devenait la plus forte, par tout déplacer, et même par tout détruire.

Ainsi, opprimer ou trahir, voilà toute
la politique des hommes. Il semble aux
gouvernans, comme aux gouvernés, qu'ils
n'ont que le choix de la ruse et de la violence; c'est qu'ils partent tous d'un même
principe et d'un même faux principe, savoir que les gouvernans et les gouvernés
sont des ennemis naturels.

Tout sera bien, si, à leur fameux adage,
les gouvernemens substituent celui - ci :
Réunir pour régner, et que les peuples,
de leur côté, prennent cette devise : S'unir
au gouvernement pour être libre (1). S.

____

(1) De toutes les choses la plus naturelle, est pourtant celle qu'il semble que l'on conçoive le moins. La
nature a écrit partout le besoin de l'unité dans nos affections, dans nos aversions, dans nos neutralités mêmes.
Quand deux ennemis sont en présence, que veulent-ils ?
Que des deux il n'en reste qu'un. Quand deux amis se
trouvent ensemble, qu'éprouvent-ils ? Que les deux ne
font qu'un. Quant aux indifférens, aucun d'eux n'aperçoit l'autre ; chacun est tout pour soi-même.

Je me propose d'envisager l'unité dans le gouvernement, dans l'administration, qui est une dérivation du gouvernément, et dans les choses qui, par leur nature et leur objet spécial, sont hors du domaine de l'administration comme du gouvernement.

UN ROI,
UN MINISTÈRE,
UNE FRANCE.

CHAPITRE PREMIER.

Unité de Gouvernement.

Si quelque chose me représente le chaos, c'est un gouvernement dont chaque membre suit un système particulier, sans s'inquiéter, le moins du monde, des autres.

Que serait-ce, si leurs systèmes n'étaient pas seulement divers, mais contraires?

Il y a des choses qui sont si vraies qu'on a une sorte de honte à les prouver; et si mal observées, qu'on serait tenté de croire qu'elles ne sont point vraies.

L'Angleterre dont on nous parle sans cesse, et

qu'il faut bien considérer comme un modèle, dans tout ce qui touche au régime constitutionnel ; l'Angleterre a un ministère tout un ou tout autre. Quand les Whigs tenaient les rènes, l'administration ne comptait pas un tory dans son sein, et réciproquement. Nous voyons bien que Fox et Pitt se déplaçaient, se remplaçaient l'un l'autre ; mais nous ne voyons pas qu'ils aient gouverné en même temps.

Représentez-vous un ministère entièrement mauvais ; comme il ira d'un même pas, il ira plus vîte ; et comme il ira mal, il ira à sa ruine, car les hommes sont faibles contre les choses ; moins il sera divisé, plutôt on en sera délivré. C'est un véritable bien que cette unité dans le mal.

Supposez un ministère mi-parti, et calculez, s'il est possible, tous les conflits de ces élémens : mesures avortées aussitôt que conçues, biais contre biais, exceptions à des exceptions, que sais-je ? quelquefois le bon parti l'emporte, et l'on fait un pas vers le bien. Mais le mauvais parti, un moment surpris, se réveille, et l'on rétrogade vers le mal. Le plus souvent on reste immobile, par la raison qui fait qu'un char tiré en sens contraire par des forces égales, ne change point de place. Rien de décidé, rien de franc dans cette allure ; tout est mou, languissant, énervé, incertain.

Le régime constitutionnel veut un ministère responsable. Il faut tirer de ce principe les conséquences qu'il renferme, et il en renferme de frappantes.

La responsabilité peut être envisagée de deux manières, ou isolément dans chaque ministère, ou solidairement entre tous les ministres.

Il ne faut jamais perdre de vue que le régime constitutionnel est le seul qui consacre l'inviolabilité des rois, parce qu'il est le seul qui la fonde sur quelque chose de positif ; c'est-à-dire sur la responsabilité que d'autres supportent pour eux, car il ne peut y avoir plus d'une responsabilité pour une même chose.

Malheureusement on n'a pas assez distingué, de nos jours, deux choses très-distinctes dans la royauté ; une formule qui a passé pour un axiôme, et qui pourrait bien se trouver n'être qu'une faute de langue, n'en laissait apercevoir que la partie la plus grossière, la plus matérielle, la moins royale, si je puis parler ainsi ; le pouvoir exécutif était devenu, pour la plupart des esprits, synonyme de pouvoir royal. Cette fausse notion a tout embrouillé. On a craint que, de considérer le ministère comme une délégation de l'autorité royale, ce ne fût avilir et profaner celle-ci, et cependant si ce n'était pas l'autorité royale, qu'était-ce donc? La responsabilité achevait d'obscurcir la question; car un pouvoir responsable est sûrement un pouvoir constitué. Émanciper les ministres pour les isoler de leur appui, paraissait un coup de maître. Mais pour les soumettre on les élevait plus haut, puisqu'on les voulait responsables; il fallait qu'ils le fussent en leur propre nom, ou au nom du monarque. Le premier portait atteinte à la constitution; le second au principe monarchique.

Quant à moi, j'oserais croire qu'un examen approfondi de la royauté y laisse apercevoir deux élémens : l'élément proprement royal, et l'action exécutive. Le monarque peut déléguer celle-ci; l'autre est inséparable de sa personne, elle est en lui, elle est lui. Placé sur une hauteur inaccessible, et comme dans le sanctuaire de la patrie, il voit ce qui se passe à ses pieds, et règle tout d'un mot. S'il prenait part à l'action, comment en pourrait-il être juge? Pour la juger, il la délègue, et en la déléguant, il en reste plus maître, que s'il la gardait toute entière; car il ne tient qu'à lui de l'arrêter ou de la transporter. Ainsi la royauté est moins agissante qu'influente; elle juge plus qu'elle n'exécute; elle veille plus qu'elle ne commande ; elle est le centre de tout, et le centre est, de sa nature, immobile.

Je n'abandonnerai pas cette question , sans la creuser encore. Elle est plus importante qu'on ne pense.

Je m'étais figuré long-temps que le ministère n'était point de l'essence de la monarchie. L'incontestable faculté qu'ont les rois de réunir plusieurs ministères en un , ou de diviser un ministère en plusieurs , m'avait fait penser qu'ils pourraient tout aussi bien se passer de ministres ; c'était une erreur.

L'histoire ne me montre pas un roi , pour si petit soit-il , qui n'ait auprès de lui un agent chargé des affaires , une manière de ministre ; les rois de Benin et d'Angora ne sont point sans ministres. C'est qu'un instinct les avertit au défaut de raisonnement, qu'il est des choses qu'ils doivent nécessairement laisser faire à d'autres. L'orgueil ne trouve pour motif que la dignité du trône ; dans les états bien constitués, la raison ajoute aussi le besoin de la responsabilité.

Pouvoir royal ou providence , pouvoir exécutif ou puissance, c'est, à mon avis, toute la royauté. Les rois ne peuvent déléguer l'un, sans cesser d'être eux-mêmes. Mais ils ne seraient pas véritablement eux-mêmes , s'ils ne déléguaient l'autre. Or , en le déléguant , ils ne peuvent changer sa nature. Ce ressort essentiellement un, perdrait plus à se détendre qu'à se rompre.

D'où il suit que le pouvoir exécutif ne peut être délégué par fragmens à plusieurs ministres ; il est délégué tout entier à un seul ministère. S'il s'était à un grand-visir , à un ministre prépondérant ; ce grand-visir , ce ministre prépondédérant , seraient le ministère.

CHAPITRE II.

En continuation.

ADMETTONS pour un moment l'hypothèse d'une responsabilité divisée, c'est-à-dire supposons que chaque ministre soit uniquement responsable des actes de son département : cette hypothèse se présente de bonne grace. Au premier coup-d'œil, vous la diriez seule raisonnable et seule juste, et cependant qu'en peut-il résulter? Qu'il y aura autant de gouvernemens de fait que de ministres, et qu'il ne faudra plus dire l'administration, mais les administrations du royaume.

Par cela même que le ministère est la délégation du pouvoir exécutif, il ne peut exister de loi organique du ministère. L'organiser par une loi, ce serait contrarier son origine par sa constitution. Mais la pensée du Roi, qui est notre règle en cela comme en toutes choses, se manifeste assez clairement. Puisqu'il réunit les ministres en conseil, puisqu'il attache la présidence de ce conseil à un ministère, il est clair que les ministres forment un corps. Autrement que voudraient dire des réunions et des délibérations;

et de quel droit un ministre imposerait-il à son collègue le fardeau de son influence?

On fera deux objections; la première, c'est que ma théorie, en concentrant le pouvoir dans le ministère, établit une sorte de directoire dans la monarchie, et réduit à rien l'autorité du monarque; la seconde, c'est que j'enveloppe dans une même peine le ministre prévaricateur et le ministre innocent.

Je crois avoir répondu, dans le chapitre précédent, à la première de ces deux objections. Du moment que le Roi peut, d'un mot, changer toute l'administration, l'autorité lui reste toujours et toute entière. Quant aux apparences aristocratiques qu'un conseil de ministres donne à une monarchie, je répondrai que, d'après la nature des choses, il y a de l'aristocratie dans la monarchie, comme il se trouve de la monarchie dans l'aristocratie, et même dans la démocratie; car le conseil le plus démocratique a pourtant son président, comme la monarchie la plus absolue a son conseil. Les trois formes sont si nécessaires, qu'on les trouve partout. Ce ne sont pas les hommes qui les y ont mises; au contraire ils ont tout fait pour les en ôter; mais il faut qu'elles y restent en dépit d'eux. Ce qu'ils ont à faire, c'est d'empêcher qu'elles ne soient autre chose que des formes. Tout serait perdu si, par une absurde interprétation des mots, on les érigeait en pou-voirs.

Je passe à l'autre objection. Un ministre in-nocent, nous dit-on, courrait le risque d'être puni pour le prévaricateur. Prenez garde, en premier lieu, que le conseil des ministres une fois institué, il y a peu de ministres entièrement innocens des fautes d'un ministre; mais je veux bien regarder cette réponse comme une subtilité. S'il était possible d'en trouver une qui s'accordât à la fois avec nos lois et nos mœurs, avec la justice et les convenances, puisée à cette double source, elle ne pourrait être suspecte. Essayons.

CHAPITRE III.

Suite.

J'ai tâché de prouver que les ministres, possesseurs temporaires de la partie du pouvoir royal, qui, seule, peut et doit être déléguée, devaient, par cela seul, représenter dans leur organisation l'unité du pouvoir qui leur est confié ; que leur confier ce pouvoir sans d'autres conditions et sous d'autres formes, ce ne serait point le déléguer, mais le dénaturer.

Je conclus qu'aux yeux de la nation, le ministère est un être collectif ; et comme on fait périr un être collectif par la dissolution, je dis que le châtiment des ministres, c'est un changement de ministère, sauf à rétablir, dans une reconstitution nouvelle, les élémens de la première composition qui seront restés sains.

Ceux qui ne connaissent d'autre issue à des procès que les tortures et les supplices, n'imagineront pas que je parle sérieusement. A moins de subir le sort d'un Spencer ou d'un Semblançay, un ministre ne leur semble point puni ; et s'il n'a laissé que sa réputation et sa fortune sur le champ de bataille, ils crieront qu'il s'est échappé. Mais est-ce en effet une chose aussi facile qu'ils le pensent, d'atteindre la félonie, quand elle est accompagnée d'habileté, ce qui manque rarement ? Comment la prouver, comment la définir même, de manière à ce qu'elle ne perde aucun de ses caractéres propres, et qu'elle n'en emprunte aucun qui lui soit étranger ? Je sais trop qu'on a la ressource des délits constructifs; ressource dernière de la haine puissante; redoutable jurisprudence qui fait violence à des actes sans liaisons, pour y trouver des rapports inconnus, qui statuant, non sur un fait, mais sur un ensemble que l'accusateur a formé, ne statue, au fond, que sur les idées de l'accusateur. Il peut arriver d'ailleurs que, même avec de telles ressources, on n'atteigne pas le but. Si l'accusateur a ses armes, l'accusé a ses ruses. Et le résultat le plus commun de ces sortes de luttes, c'est de laisser l'accusé dans une situation qui n'est ni la victoire, ni la défaite, qui ne lui permet ni de quitter, ni de garder ses fonctions. S'il les quitte, pourquoi le punit-on, quand il n'a pas été trouvé coupable ? S'il les garde, pourquoi l'accusait-on, quand il était innocent ? Le plus probable est qu'il les quittera ; car si un jugement l'absout, la dignité du trône le repousse, et des mains pures s'accommoderaient mal d'un instrument souillé, quoiqu'un instrument qu'on a souillé ne soit pas toujours un mauvais instrument.

Telle n'est point une accusation collective, parce qu'en portant sur tous, elle ne porte spécialement sur personne. Tandis que dans l'autre sorte d'accusation, la justice ressemble à la haine, ici la haine même ressemblerait à la justice. On y serait avare de ces figures irritantes qui allument les passions. Rien que de grave dans les procédés, rien que de calme dans les décisions. Les hommes sont très-sujets à l'erreur; mais plus encore sur les hommes que sur les choses.

Je sais qu'il est des circonstances où le crime d'un ministre est d'une telle évidence, où il lui appartient si bien tout entier, où il est si hautement et si manifestement désavoué par tous les actes de ses collègues, qu'il y aurait de l'injustice à le répartir sur eux tous.

De telles exceptions n'arriveront pas une fois en un siècle. On va me trouver paradoxal; mais dans cette appréhension, je ne vois qu'une plus intime solidarité, qu'une solidarité parfaite qui prévienne le mal. Il en résulteroit une action plus forte du conseil sur ses membres; et le ministre corrompu n'aurait pas le temps de devenir prévaricateur.

La responsabilité ministérielle n'était pas pro-prement de mon sujet; elle y est entrée comme preuve et moyen. En essayant de traiter la théo-rie, je n'ai pas entendu éclaircir toutes les diffi-cultés de la pratique. Il en restera long-temps encore peut-être sur cette législation criminelle et politique à la fois, qui touche à tant d'intérêts et se compose de tant de ressorts. Que l'unité du ministère soit inhérente à la monarchie constitu-tionnelle, que la responsabilité soit une suite inévitable du pouvoir, ce sont là deux principes où l'on arrive par la seule réflexion, plus forte que l'autorité de l'exemple et du précepte. Com-ment ces deux principes s'accordent-ils dans la pratique? C'est ici l'écueil. Pour l'éviter, je ne connais pas d'autre voie que d'envisager la res-ponsabilité dans un sens plus tempéré, plus fran-çais, si j'ose le dire; car, en toutes choses, il est une partie supérieure qui ne peut changer ni périr, et une partie secondaire que la nature abandonne à des influences variables.

Je résume toute cette théorie en peu de mots: l'erreur ou la vérité se montrent plus à découvert dans ces aperçus rapides.

La royauté constitutionnelle se divise en deux élémens, l'un inhérent, identique à la personne du Roi, supérieur à toutes les facultés politiques, même étranger, par sa nature, à ces facultés. Il entre dans cet élément quelque chose de mysté-rieux et de céleste, et sa plus belle manifestation est le droit de faire grâce : c'est le pouvoir pure-ment royal. L'autre, commun à tous les gouver-nemens, puisqu'il n'y aurait point de gouverne-ment sans lui, mais susceptible par cela seul d'autant de modifications dans son exercice, qu'ils offrent des variétés dans leur classification. C'est le pouvoir exécutif.

Le pouvoir exécutif n'est pas indivisible de sa nature, mais il est indivisible dans la monarchie.

De cette indivisibilité du pouvoir exécutif-monarchique, suit l'unité du ministère.

De l'unité du ministère, suit la solidarité des ministres, ou leur responsabilité collective.

Et la responsabilité collective pour tout autre peuple que des Japonais ou des Tartares, n'en-traîne d'autre punition que la dissolution du mi-nistère.

Si nous remontons des effets à la cause, dans l'hypothèse contraire, nous trouverons que de la responsabilité des ministres, suit le défaut d'unité du ministère ;

Et que le défaut d'unité du ministère porte at-teinte à l'unité du pouvoir exécutif, c'est-à-dire au principe monarchique.

Ce n'est donc que dans la première théorie que je trouve à la fois et le principe garanti et les convenances respectées.

Hors de là , nous sommes pressés entre l'impunité du crime et scandale du châtiment : nous parlons beaucoup de responsabilité ; nous en parlons bien haut ; mais tout se passe en paroles. Car c'est le sort des lois trop compliquées d'engendrer des abus, et des lois trop rigoureuses, d'autoriser des délits.

CHAPITRE IV.

Double système de dissolution.

Les véritables amis de l'ordre, c'est-à-dire de la sûreté et de la liberté, doivent se serrer plus que jamais ; car le péril est imminent, et nous sommes entre deux dissolutions.

Je n'ai que faire de décrire l'une des deux. C'est un système connu depuis long-temps, parce qu'il cache mal son but ; mais il cache bien ses moyens. On sait qu'il a entrepris de forcer un fleuve rapide à remonter vers sa source Le fleuve entraînera sans doute ces faibles digues ; mais trop contrarié dans son cours, il pourrait bien engloutir aussi de paisibles navigateurs.

L'autre système se présente plus noblement et de meilleure grace ; son attitude est calme et sereine. Il ne déclare point la guerre ; il n'aiguise point des armes homicides. Méfiez-vous pourtant de sa douceur ; il est telle neutralité plus à craindre qu'une attaque de vive force.

Ceux qui ont défini le gouvernement *un mal nécessaire*, lui ont fourni, qui le dirait, ses premières armes. S'il est nécessaire, c'est donc un tort ou une erreur de l'ôter. Ils ont argumenté autrement. Tout nécessaire qu'est ce mal, ont-ils dit, ce n'en est pas moins un mal, et le guérir vaut mieux que le tolérer. Aussi Godwin, l'un des plus ardens sectateurs de cette doctrine aujourd'hui entée sur d'autres intérêts, se transporte avec ravissement dans un avenir de sa création, où tous les gouvernemens auront disparu de la terre. Ainsi, faire que le gouvernement peu à peu éliminé s'efface enfin tout à fait de l'ordre politique, tel est le but. Le moyen, c'est que chacun travaille, sans s'inquiéter du gouvernement. Je ne parle point de l'absurdité du but, on la comprendra mieux par l'examen du moyen.

Tout par l'industrie, nous dit-on, et tout pour elle. Si c'est de la même qu'il s'agit, on conçoit difficilement comment elle peut être à la fois l'agent et l'objet. Si l'on admet diverses industries qui concourent, il leur faut donc un lien commun ; suppose-t-on qu'elles luttent entre elles, il leur faut donc un commun modérateur.

La civilisation, c'est la réciprocité des besoins et des secours. Les uns et les autres s'accorderaient parfaitement, sans les passions qui ne connaissent que les besoins. Ce sont elles qui, s'interposant sans cesse entre des rapports nécessaires, les troublent ou les détruisent. De là, je

ne dis point l'utilité, mais la nécessité du gouvernement. Ici vous changez tout. Ces perturba-
trices qu'il fallait combattre, vous leur demandez
des lois ; la plus inquiète, la plus jalouse, la plus
active, la plus empiétante, est précisément celle
à qui vous remettez le sceptre : que la société des
nations instruise la société des hommes. Toutes
leurs guerres sont-elles autre chose que des guerres
de commerce ? Et que font de plus les peuples
commerçans, que de se disputer les écus de ceux
qui ne le sont pas ?

Bien des questions qui paraissent profondes,
ne seraient, par une sévère analyse, que des
disputes de mots. On met gravement en balance
l'industrie et la propriété : et qu'est-ce au fond
que la propriété, sinon l'industrie consolidée ?
La tendance naturelle des fortunes est à la con-
solidation. Un banquier accumule de gros capitaux, et son fils achète de belles terres. Un instinct naturel porte les hommes vers la propriété
foncière, après les bénéfices de l'industrie, comme
vers le repos après le travail, vers l'ordre après
l'anarchie : et il faut ajouter que nous serions fort
à plaindre s'il en était autrement ; car il n'y aurait plus de ce moment que des fortunes provi-
soires et des richesses fictives. On veut distinguer
les membres de la cité *en producteurs, et non*

producteurs ; c'est déplacer la question. Sans doute, il serait à souhaiter que l'oisiveté disparût des premiers rangs de la société, aussi bien que des derniers, non point tant pour les produits qu'ajouterait aux produits généraux le travail de grands propriétaires ; leur nombre est si petit, sur-tout après une révolution dont le principal et inévitable effet a été de donner des propriétés à tout le monde, qu'un pareil bénéfice mérite à peine d'être compté. Une telle réforme ne serait à desirer que pour les corruptions qu'ils sèment autour d'eux, ne fût-ce que par leur exemple. C'est le vœu de tout homme à qui son pays est cher ; mais ce ne peut être qu'un vœu. Du moment que ce serait un ordre, l'industrie même y perdrait.

Il faudrait distinguer les natures des propriétés, plutôt que le personnel des propriétaires. Or, nous ne connaissons que deux natures de propriétés, celle qui reste et celle qui fuit ; celle qui se montre et celle qui est un mystère ; celle qui attache l'homme au sol et celle qui l'en détache ; celle qui retient la richesse et celle qui l'exporte d'un trait de plume ; celle qui a un siége enfin, dés racines, une mesure fixe, et celle qui n'a de siége qu'elle-même ; de racine, qu'un intérêt qui peut changer ; de mesure, que l'opinion si souvent trompeuse et plus souvent trompée. Quant aux personnes, avec un peu de bonne foi, on jugera qu'elles ne sont pas toujours en rapport avec la nature des propriétés qu'elles possèdent; il en est de très-actives avec des propriétés fixes, et de très-peu actives avec des propriétés mobiles. Si l'on reproche aux grands propriétaires de faire tout avec les bras de leurs laboureurs, serait-ce un tort de répondre que les grands calculateurs font quelque chose avec l'expérience de leurs commis ? Dans la grande propriété, pour un individu qui ne fait rien, j'en vois beaucoup qui travaillent. Au contraire, attirés par l'espérance du gain et les charmes d'une existence indépendante, bien de petits capitalistes qui pourraient faire fructifier eux-mêmes leurs capitaux, aiment mieux les confier à l'industrie et à la fortune d'un homme dont la signature vaut des millions; et de mille ruisseaux qui cachent leur source, composent ce fleuve dont l'immensité nous étonne. Les petits joueurs restent les bras croisés ; le gros joueur agit seul : pour un homme actif, en voilà beaucoup d'oisifs.

Ne nous laissons donc pas séduire par les mots, et ne divisons point le domaine de l'industrie; il y a une industrie dans l'épargne, dans la sobriété. Acquérir est une industrie; mais conserver en est une aussi. Il faut que ces deux industries coexistent pour qu'il y ait de la vie dans l'état; mais il faut qu'elles soient en proportion l'une de l'autre pour qu'il y ait de la force. N'oublions pas cependant que le premier rang appartient à celle d'où l'autre est sortie, et où elle aspire.

Mais revenons aux doctrines qui placent le perfectionnement de la civilisation dans l'absence de tout gouvernement. Il y a dans ces doctrines quelque bonne foi mêlée d'un peu de jésuitisme ; quelques vérités confondues parmi de graves erreurs. On s'est aperçu que le trop de gêne empêchait la circulation, et l'on ne s'est pas aperçu que le trop de circulation produisait la dissolution. Une famille heureuse n'est pas celle qui vit sans règle, mais celle qui suit la règle sans s'en apercevoir. Ce n'est point dans une indépendance absolue qu'est son bonheur, mais dans une obéissance volontaire. Sans doute si l'industrie à chaque pas trouve un pouvoir qui l'arrête ou la repousse, s'il lui fait acheter ses rigueurs autant que ses faveurs, s'il oppose à ses entreprises mille tournures captieuses, mille inventions subtiles qui sont ses industries à lui, je doute que cette foule d'entraves ne finisse par la détruire, ou plutôt par la fausser ; car elle est si déliée de sa nature,

qu'elle échappe toujours par quelque issue ; fer-
mez-lui toutes les routes connues , elle s'en ou-
vrira de secrètes, ou elle saura bien vous entraîner
en dépit de vous. N'allez cependant point con-
clure des effets de ces abus, que tout pouvoir
est un abus, autant celui qui réunit que celui qui
divise, autant celui qui protége que celui qui op-
prime. Mais c'est déjà une tyrannie que la protection, direz-vous, et la force n'en a pas besoin.
Prenez garde que de cette confiance même en
vos forces, on ne tire la preuve de votre faiblesse.
Enfin vous nous promettez une révolution comme
on n'en a jamais vu, sans caprices, sans secousses,
sans tumultes, sans crise, et cette révolution bé-
nigne vous l'opérez par le plus irritant des agens ;
et ces dispositions pacifiques vous les manifestez,
en signalant l'administration comme un *camp
ennemi*. Construire dans votre langage, ne serait-
ce pas détruire ?

Les sectateurs du régime industriel se plaignent
que l'industrie soit partout sacrifiée à la propriété.
Je ne vois point cela. Les patentés à 300 francs
siégent à côté des propriétaires à 1500 francs de
rente ; les patentés à 1000 francs peuvent siéger
à côté des propriétaires à 5000 francs de rente.
Que si l'on considère maintenant que telle pa-
tente de 300 francs ne suppose pas un capital de

10,000 fr., que telle rente foncière de 1500 fr. en suppose un de 50 mille, et ainsi progressivement, on jugera quel est le genre de propriété que la loi des élections favorise le plus.

Mon opinion particulière a bien peu d'influence, je le sais, sur l'opinion publique; mais il me semble que la propriété foncière étant à la fois une garantie plus considérable et plus solide, ne l'admettre qu'au partage, c'est la déshériter : et quand je me tromperais, de quelle espèce, je vous prie, est ce patriotisme qui s'attache à décrier l'unique source où nous pouvons encore puiser la vie ? Sied-il à des enfans affamés de chasser leur nourrice ? Et quand on manque du nécessaire, faut-il décrier le froment ? Une nation qui a conservé son sol n'a rien perdu, si le sol est bon, pourvu toutefois que l'on consente à ne pas mépriser ceux qui le cultivent, qui, pour ne point tout perdre, résistent à la tentation de gagner beaucoup, pourvu qu'on ne les prive point des ressources qu'ils trouveraient dans des porte-feuilles oisifs, en appelant dans d'autres réservoirs l'or que ces porte-feuilles contiennent.

CHAPITRE V.

Unité d'Administration.

COMME l'administration n'est qu'une dérivation, un reflet, un prolongement du gouvernement, qu'elle sort de lui, et qu'elle se maintient par lui, il semble qu'on a tout dit contre le défaut d'unité dans l'un, quand on a montré ce qu'il avait de hideux dans l'autre. Mais on n'aperçoit jamais bien un vice politique dans ses effets immédiats. Tant qu'il reste sur les hauteurs, je ne sais quel voile magique le dérobe à la censure : c'est quand il descend, qu'on le juge mieux.

Le même esprit d'indépendance qui porte chaque ministre à s'isoler, porte les préfets à s'isoler des ministres. Alors chaque préfet est un souverain, chaque département est un empire. L'étranger, en parcourant un même pays, s'imagine parcourir des pays différens. Ce ne sont plus les mêmes affections, les mêmes habitudes, je dirai presque les mêmes lois. On croit remé-

dier à l'abus par le déplacement des fonction-
naires ; mais abandonnent-ils leurs opinions en
changeant de place ? Et si leur nouveau séjour
est plus sain que le premier, que font-ils de plus
que d'y importer l'épidémie ?

CHAPITRE VI.

Des sociétés secrètes.

QUAND une fois la vie a quitté un corps, il se forme, au sein de la dissolution, des aggrégations nouvelles. C'est ainsi que, par un sentiment confus de l'unité, on la cherche dans un parti, quand on ne la trouve pas dans le gouvernement.

C'est un fait trop malheureusement constaté, que la faiblesse du gouvernement est la force des partis. Ligueurs, frondeurs, politiques, importans, tout cela est fort en l'absence du pouvoir qui surveille et vivifie. Vient-il à reparaître? il ne reste plus rien d'eux que des souvenirs dont ils rougissent, quand ils n'en gémissent pas.

On a dit : voulez-vous connaître la force du gouvernement? comptez la population. On dirait avec autant de raison : voulez-vous mesurer sa faiblesse? comptez les partis. J'ai lu quelque part qu'un Musulman, disputant des religions, s'était avisé d'alléguer, comme preuve incontestable en faveur de la sienne, qu'elle se divisait en un plus grand nombre de sectes qu'aucune autre. Il semblait à ce bon croyant qu'une secte est une province ; c'est bien plutôt un pays ennemi.

Ne croyez pas que les partis lèvent toujours la tête, qu'ils arborent toujours une bannière , et nous fassent confidence de leur mot de ralliement. Ils savent trop que la publicité serait leur ruine. Ce sont des plantes qui ne croissent que dans l'ombre.

Il y a une telle puissance dans le secret , que les desseins mêmes les plus respectables ont tiré de lui tout leur succès. A ne considérer le christianisme qu'humainement , aurait-il pu , malgré les lois , et les mœurs , et les préjugés , et les intérêts , s'asseoir enfin sur le trône des Césars , si ses premiers fondateurs n'eussent confié leur pensée à la nuit et aux tombeaux ?

Dans une société secrète , il est facile de multiplier les degrés , aucun ne pouvant comparer la part qu'on lui donne à celle qu'on lui refuse. C'est un secret qu'on subdivise dans une progression qui est elle-même un secret. Comme chacun le croit posséder tout entier , il n'y a point jalousie de rang. Comme un seul le possède, il n'y a point d'indiscrètes révélations à craindre.

Elle peut, avec une habileté médiocre , produire les effets du génie. Elle peut, sans danger ,

exécuter les choses qui demandent le plus d'au-
dace. La conspiration est partout et n'est nulle
part. On se fatigue à la poursuivre ; un fil rompu
ne dérange point la trame, et l'autorité porte
toujours des coups mal assurés, puisqu'elle craint,
en frappant, de se blesser elle-même.

Les sociétés secrètes sont plus difficiles à for-
mer qu'à maintenir. Quand une fois elles sont
formées, on ne peut guère espérer leur dissolution que d'elles-mêmes, ou de l'opinion. Le premier arrive toujours, mais tard. Il faut attendre
qu'elles soient les plus fortes. Pour aller à leur
ruine, elles doivent passer sous un arc de triom-
phe. Du moment qu'elles ont vaincu, ce ne sont
plus que des institutions comme les autres. Les
jalousies éclatent, les langueurs et les dégoûts
naissent : tous les mystères paraissent au grand
jour. Une guerre intestine s'allume, que vient
terminer une nouvelle domination : c'est la des-
tinée des choses humaines.

Un seul agent peut les atteindre ; un seul ennemi peut les dompter, l'opinion. C'est que l'o-
pinion est, de sa nature, active et pénétrante.
Elle ne ressemble point au mouvement né sous
la main des hommes, qui s'affaiblit en se com-
muniquant. Elle est comme la flamme qui se
propage sans perdre de sa substance. On ne la

règle point, on ne lui commande point; lui commander, c'est la dénaturer. On a tout fait pour elle, quand on n'a rien fait contre elle. De sa nature elle est bonne, car elle a sa source dans nos vrais intérêts ; elle est puissante, car les vrais intérêts, ce sont les plus nombreux.

CHAPITRE VII.

Des États provinciaux.

QUE chaque province desire de se régler, de se régir suivant ses caprices qu'elle appellera des convenances, suivant ses coutumes qu'elle appellera des institutions ; je le conçois. Le desir de l'indépendance est naturel dans une province, comme dans un individu ; et si les membres du corps humain avaient chacun une voix, la fable de Ménénius-Aggripa ne s'erait pas une fable.

Toutes les fois que vous proposerez à une modique réunion d'hommes de se constituer en corps d'état, ne craignez point d'obstacle ; tout favorisera vos projets, les petites prétentions comme les ambitions supérieures, les illustrations naissantes comme les autorités décrépites ; le grand saisira l'occasion de se montrer plus grand, et le petit celle de paraître moins petit : il leur semblera que, de retrécir la circonférence où ils sont placés, ce soit aggrandir leur existence.

En dernière analyse, tous ces beaux plans d'assemblées provinciales, de rétablissement de corporation, se réduisent à ce que je viens de dire.

On est perdu sur un vaste théâtre, et l'on espère d'être aperçu sur un théâtre plus circonscrit. Et selon le dicton italien : *Ogn'uomo si fa centro.* Un petit nombre d'esprits solides aperçoivent seuls combien cet isolement est stérile, épineux et mesquin. Il n'est pas vrai que le membre d'une petite cité soit plus qu'il ne serait dans une grande; car il peut moins, si l'on considère ses produits, puisqu'il combine ses facultés avec un moindre nombre d'autres facultés. A la vérité il peut davantage, si l'on considère son influence sur ceux qui s'environnent; et c'est en cela qu'il les gêne et se gêne; et qu'en croyant devenir plus libre, il se rend en effet plus dépendant.

On observe que les nations deviennent plus paisibles à mesure qu'elles se grossissent. Donnez de l'espace au torrent, il coulera sans violence. Les annales des petites villes seraient plus orageuses que celles des grands états, si l'on daignait les écrire : peut-être le faudrait-il pour l'instruction du genre humain. Recueillies et comme absorbées dans le sein d'un vaste empire, ces imperceptibles cités ont honte d'elles-mêmes; et les haines de tradition si vivaces dans une sphère étroite, s'effacent et s'éteignent peu à peu dans une sphère immense.

S'il était possible que le genre humain ne for-

mât qu'une famille , il serait incontestablement
meilleur, parce qu'il serait plus heureux. Toutes
ces barrières qui hérissent la surface du globe ,
ne le protègent pas tant qu'elles ne le menacent,
ne lui assurent pas tant la jouissance de ce qu'il
a , qu'elles ne lui dérobent la jouissance de ce
qu'il pourrait avoir. Toutes les forces employées
pour interdire à une nation l'accès d'une autre ,
amènent un pareil emploi de forces dans un but
réciproque. Ainsi divisé par les institutions de la
politique, quand il ne fait qu'un par la volonté
de la nature , le genre humain vit étranger à lui-
même , et se condamne à n'acquérir qu'à force
de fraudes , à ne conserver qu'à force de pertes.

Un jour plus serein se lève pour l'Europe, et
pour le monde peut-être. Je vois un commencement d'uniformité dans les institutions ; c'est un
commencement d'uniformité dans les mœurs.
Ceux qui recherchent avec un soin religieux les
anciennes démarcations tracées au sein de chaque
état, ne se proposent rien moins que de faire
perdre en un sens le terrain qu'on aura gagné
dans l'autre : et comment celui qu'effraie la pers-
pective de son pays réuni en un corps, compren-
drait-il ce que le titre de citoyen de l'Europe a
de grand et d'auguste ? Enfin , puisque l'on ap-
prend à juger des choses par leurs contraires , et

qu'un des bons moyens de discuter une hypothèse c'est d'en outrer les conséquences, on n'a
qu'à se figurer ce penchant à l'isolément ainsi pro-
pagé de degré en degré. Le même esprit qui
porte le département à s'isoler du royaume, por-
tera la commune à s'isoler du département, la
corporation à s'isoler de la commune, et la famille peut-être à s'isoler de la corporation ; où
s'arrêtera le progrès ? Si je place la limite trop
en deçà, me direz-vous où il faut la placer? et ne
répondez point qu'il en est ainsi de mon côté.
Forcez tant que vous voudrez les conséquences ;
plus vous éloignerez la limite, plus vous appro-
cherez du bonheur et de la paix. Le dernier terme
de ma progression, c'est la société universelle ;
le dernier terme de la vôtre, c'est la dissolution
universelle.

L'état de nature pour un être éminemment
sociable, c'est la plus haute civilisation; ce qu'on
a faussement nommé l'état de nature, était l'état
contre nature. Ordre et réunion sont deux choses
tellement identiques par leur essence, qu'un système qui donne l'isolément pour principe à l'ordre, implique dans les termes.

CHAPITRE VIII.

De l'unité dans les choses qui ne sont point du ressort de l'administration.

L'Allemagne est remplie des atrocités d'une secte nouvelle, qui, sous un vain prétexte de perfection, souille la religion de paix par des sacrifices humain. Dans des temps plus reculés, un homme du peuple s'étant fait prophète et roi (1), épousa dix femmes, en égorgea une, et dansa avec les neuf autres autour du cadavre.

Ces abominables superstitions accompagnent toujours les grands désastres ; car l'homme est faible et cruel dans le malheur. Nous ressemblons plus ou moins, les uns à cet idolâtre qui brise sa pagode, quand ses vœux ne s'accomplissent point, les autres à ces sombres visionnaires qui ne savent point d'autre expédient contre l'adversité, que de raffiner leurs souffrances.

Il faut montrer à l'idolâtre qu'il ne gagne rien à renverser une idole pour en élever une autre

_____

(1) Jean de Leyde, chef des Anabatistes, se disant roi de Munster, dans le 16e. siècle.

après, et aux visionnaires qu'il est impossible que Dieu se plaise au culte que se choisirait le diable.

Mais à qui est-il donné de tracer la route ? Ce ne serait pas un moindre mal peut être de se livrer à un guide inconnu, que de ne vouloir aucun guide ; il ne serait pas impossible que, pour échapper à une dissidence, on tombât dans une autre. La vérité même emprunte beaucoup de l'organe qui la manifeste, et Dieu n'a pas mis de l'autorité dans toutes les voix.

Le mal serait plus grand encore, si l'on prodiguait, dans la paix, les moyens réservés pour les temps du danger, si des voix impérieuses s'élevaient pour accuser un peuple soumis et souffrant, et que la violence prétendît le ramener à la règle, quand il ne l'a point abandonnée. Un faux reméde est aussi un désordre. La foi est-elle en danger ? la majesté du culte est-elle outragée ou méconnue ? envoyez à leur secours ces pieux et fervens auxiliaires qui savent remuer les entrailles par la parole, et chercher au fond des cœurs le remords qui s'y cache. Il n'y a plus de croisade à prêcher, quand les infidèles ont disparu de la terre sainte. Dans une ville parfaitement calme, un imprudent sonna le tocsin ; bientôt après le tumulte fut dans la ville.

On traite la France comme un désert où la foi

n'aurait jamais pénétré. A voir la sainte ardeur de ceux qui courent planter des croix dans tous les départemens, on dirait qu'ils se dévouent. Mais où est le danger? où est l'ennemi? Tout est paisible, tout est résigné. Je vois un peuple grand dans ses revers, fier de son Roi, de ses lois, de ses souvenirs; le Roi très-chrétien est sur son trône, les temples sont debout, la contreverse abandonne la religion comme la politique; on ne se fait plus un infâme honneur du cynisme et du sacrilége. L'église est une. Au milieu des souffrances publiques, le clergé a recouvré une partie de sa splendeur, et ce ne sera pas une des pages les moins glorieuses de l'histoire, que ce sacrifice de nos besoins réels à de plus nobles besoins. Quelle autre expiation ou quel nouveau tribut demandent ces prédications intempestives? La France toute déchirée, toute sanglante, gardée à vue par l'Europe, sous le glaive du vainqueur, sous l'influence d'un long hiver, a détourné ses regards des chaumières en cendres, pour les porter sur des presbytères; elle vous a livré le gage de son crédit, elle a compté ses libéralités envers vous au nombre de ses économies. Faut-il lui rendre des anathèmes pour ses bienfaits; et Jérémie doit-il faire entendre ses plaintes au milieu des solennités rétablies d'Israël?

Enfin que prétend-on de nous? et contre qui veut-on nous armer? On veut vous réunir, s'é-crient-ils, c'est le pardon que nous venons ap-porter aux coupables; et peut-on prêcher le par-don, sans rappeler les injures?

Le sujet que je me permets de traiter ici est trop grave et trop vaste, pour que je me borne à ce léger aperçu; il faut l'envisager sous d'autres faces.

CHAPITRE IX.

Suite.

DIEU donna aux apôtres le don des langues. Cela ne veut pas dire seulement qu'il leur donna la connaissance de ces variétés de formes et de sons qui composent le matériel du langage. Cela veut dire aussi, cela veut dire sur-tout qu'il leur indiqua tous les chemins qui mènent à la persuasion et à la conviction. Si le texte de l'écriture pouvait être considéré comme un voile mystérieux, plutôt que comme un récit fidèle, le trait du prophète Élie, réduisant son corps à la mesure de celui d'un enfant pour le ressusciter, serait une belle et profonde allégorie ; mais elle n'indiquerait encore que la moitié de la vérité, c'est-à-dire qu'il ne suffit pas aux sages de se faire simples avec les simples ; et que pour triompher de toutes les erreurs, après avoir su descendre, ils doivent savoir remonter.

Quoiqu'en puissent dire quelques pamphlétaires, il y a maintenant dans les esprits une maturité qui n'y était point avant nos discordes. La race des téméraires, si mal nommés esprits forts, est éteinte ou près de s'éteindre, et l'on trouve peu, même dans les classes les moins élevées, de ces raisons dociles qui s'accommodaient de tout. Le peuple a fort bien vu qu'entre la superstition et l'incrédulité, il est un juste milieu. De petites pratiques, de puériles mysticités ne seraient peut-être pas un bon moyen de conversion. Le contraste est trop marqué entre un pareil moyen et la grandeur de son objet, pour nous faire adopter l'un par l'autre.

J'accorde que le zèle soit attiédi; fuyez donc tout ce qui pourrait l'éteindre. Examinez où vous êtes et qui vous écoute. Tout ce qui frappe les sens, ne touche pas l'esprit. Il sera difficile de persuader, même aux simples, que le culte est toute la religion, encore plus difficile de leur persuader que de minutieuses formalités sont le culte. Ressuscitez Bourdaloue, Massillon, l'abbé Poulle, élevez-vous, si vous pouvez, à la hauteur de Bossuet. Alors vous serez entendus; alors, en portant la lumière dans les esprits, vous porterez la flamme dans les cœurs.

Je me tromperais dans ce jugement sur mon siècle et mon pays, que la politique opposée n'en serait pas meilleure. Au contraire, tout ce que l'on risque avec des esprits sages en employant de ridicules moyens, c'est de se rendre soi-même ridicule, leur mépris ne s'étend pas plus loin ; mais on risque bien plus avec des esprits faibles. Ce qui dégoûte les autres irrite ceux-ci. Distinguer ce qui est de Dieu et ce qui est des hommes, c'est plus qu'ils ne sauraient faire. L'évangile et le prêtre ne sont pas deux idées pour eux, et que le prêtre ne s'en glorifie pas trop ; car l'aube et la chasuble, c'est pour eux tous le prêtre. Parlez-leur de tolérance, d'humanité, de reconnaissance, de grandeur d'ame, ils voudront voir si tout cela est écrit dans les statuts de leur confrairie. Mais faites retentir à leurs oreilles les mots de vengeance divine, de sacrifice expiatoire, et vous verrez de quel air ils invoqueront Jacques Clément.

Jacques Clément ! entendez bien tout ce qu'il y a dans ce mot. Je veux croire que la malveillance exagère, et que la pudeur sort toujours sans outrage de ces nocturnes cérémonies et de ces rassemblemens confus. Mais la politique ne peut-elle s'emparer à votre insu des moyens que vous croyez offrir à la religion, d'une confrairie qui a ses statuts et ses assemblées, à une société politique qui a ses intrigues et ses projets, le pas est glissant ? Serait-ce la première fois que l'esprit de désordre aurait tourné à son profit les choses mêmes inventées pour le combattre ? et

où la politique n'a-t-elle pas cherché des armes ?
quelle secte religieuse ne s'est pas rattachée à des
doctrines politiques ? Les premiers sectaires dé-
signaient les catholiques sous le nom d'impéria-
listes, par allusion sans doute à la protection de
Constantin. Bien ou mal fondés, ces reproches
semblent prouver du moins que les adversaires
des catholiques cachaient au fond de leur cœur
une doctrine politique. Enfin, pour comprendre
toute une pensée dans un exemple, quelle figure
pense-t-on que ferait l'économe Hoffmann dans
les rassemblemens que je veux désigner ?

Les apôtres allaient porter l'étendard de christ
dans des pays où le nom de christ n'était pas encore parvenu. Après eux de hardis missionnaires
ont traversé les mers pour conquérir le martyre :
car, tant qu'il restera dans l'univers une ame à
racheter, il faut que la charité veille et se dé-
voue. Si l'arbre de la croix, arrosé de tant de sang,
ombrage l'univers, ou que l'espace manque à de
saintes entreprises et à de périlleuses découvertes,
reversez sur nous, j'y consens, l'exubérance du
zèle qui vous dévore ; ou plutôt reposez-vous
satisfaits de voir enfin la terre rapprochée du ciel.
Mais s'il reste encore d'immenses contrées sous
le joug de l'erreur, si des peuples sans nombre
maudissent encore ce que nous adorons, si les

ténèbres couvrent la force presque entière du monde, où portez-vous ce flambeau ? Ce n'est pas nous qu'il faut éclairer, nous qui nous écrions avec Pauline :

Je vois, je sais, je crois.

Mais peut-être est-il au sein même de la France des presbytères abandonnés, des églises veuves de leur pasteur, peut-être dans cette profusion de bienfaits dont le Roi comble ses peuples, quelque contrée aura-t-elle échappé à sa providence. Alors plus de doute ni de retard : c'est-là qu'il faut accourir ; c'est-là qu'il faut porter tous les efforts d'un zèle industrieux, et non point dans des villes heureuses de leur pasteur, instruites à la vertu par son exemple. Défrichez les déserts, mais laissez le cultivateur paisible fertiliser lui-même son champ : au fond, pourvu que ce champ rendît ce qu'il doit rendre, il importerait fort peu que ce fût par lui ou par vous. Le mal est que vous troublez son travail pour avancer le vôtre. Témoin du faste de vos prédications et de la pompe de vos triomphes, le peuple reviendra difficilement à la simplicité du prône. Il pourra se dégoûter d'une éloquence toute paternelle, comme on a de la peine à passer de l'agitation au calme, de l'enthousiasme à la rai-

son, et d'un entretien brillant à un entretien solide, mais sans apprêt. Je voudrais me tromper ;
mais j'ai pour moi l'expérience du cœur humain.
Je sais que ce cœur humain, avide d'émotions
fortes, n'éprouve communément, quand elles
viennent à lui manquer, que langueur et dégoût.
Le monde est plein d'enfans et de vieux enfans
pour qui le tumulte est le bonheur. Encore un
mot, et je termine.

La philosophie est fille de la curiosité ; il est
tout simple qu'elle s'égare quelquefois. On ne
l'accuse pas sans raison ; mais ce n'est pas sans
raison qu'on l'excuse : peut-être a-t-elle produit
la révolution ; mais elle a produit aussi la charte.
Chaque chose, tant brillante soit-elle dans sa
maturité, n'était point telle à sa naissance. Quand
vous jouissez des fruits de l'arbre, vos souvenirs
se reportent-ils vers les temps où, n'étant encore
que de l'herbe, il élevait à peine du sein de la
boue sa tige humble et pâle ? Reprocherez-vous
à ce beau fleuve qui féconde vos terres d'avoir
été un torrent, et rechercherez-vous avec soin
les ruisseaux bourbeux qui sont venus grossir sa
source ? Il me semble que la justice exige qu'on
ne sépare point une chose d'elle-même ; et je
n'entends point dire qu'après avoir tonné contre
ce qui fut, on veuille bien donner quelque éloge

à ce qui est : on déclame à son aise contre d'ab-
surdes et malheureuses conceptions ; et l'on se
tait sur le chef-d'œuvre de législation, où d'essais
en essais notre pays est enfin parvenu. Encore si
ces déclarations étaient sans écho et sans refrain ?
Mais l'Europe les écoute et les répète, l'Europe
attentive à nos mouvemens, intéressée à les ob-
server tous, je ne dirai pas à les interpréter.
Quelle opinion l'on travaille à lui inspirer des
accusés et des accusateurs !

CHAPITRE X.

Conclusion.

Qu'il me soit permis d'étayer ma faiblesse d'une grande autorité. Il y a dans le plus éloquent et le plus profond de nos écrivains un passage entre autres qui, s'appliquant uniquement en apparence aux disciplines religieuses, ne laisse pas d'embrasser toutes les sortes de disciplines : car l'unité n'a pas deux règles.

« Chacun s'est fait à soi-même un tribunal où
» il s'est rendu maître de sa croyance. Il n'y a
» point de particulier qui ne se voie autorisé
» par cette doctrine à adorer ses inventions, à
» consacrer ses erreurs, à appeler Dieu tout ce
» qu'il pense. Dès-lors on a bien prévu que la
» licence n'ayant plus de frein, les sectes se mul-
» tipliaient jusqu'à l'infini, que l'opiniâtreté se-
» rait invincible ; et que, tandis que les uns ne
» cesseraient de disputer, ou donneraient leurs
» rêveries pour des conspirations, les autres,
» fatigués de tant de folles visions, et ne pouvant
» plus reconnaître la majesté de la religion dé-
» chirée par tant de sectes, iraient enfin cher-

» cher un repos funeste et une entière indépen-
» dance dans l'indifférence des religions ou dans
» l'athéisme. » Bossuet, or. fun. de la Reine
d'Angleterre.

La révolution a commencé par la licence des
opinions et l'indépendance des partis. Est-ce par
la licence des opinions et l'indépendance des partis qu'elle sera terminée ?

FIN.

TABLE

DES CHAPITRES.

FIN DE LA TABLE.